BEI GRIN MACHT SICH IHR WISSEN BEZAHLT

- Wir veröffentlichen Ihre Hausarbeit, Bachelor- und Masterarbeit

- Ihr eigenes eBook und Buch - weltweit in allen wichtigen Shops

- Verdienen Sie an jedem Verkauf

Jetzt bei www.GRIN.com hochladen und kostenlos publizieren

GRIN

Controlling und Top Quality Management. DuPont-Schema und Kano-Modell

Johannes Kölmel

Bibliografische Information der Deutschen Nationalbibliothek:

Die Deutsche Nationalbibliothek verzeichnet diese Publikation in der Deutschen Nationalbibliografie; detaillierte bibliografische Daten sind im Internet über http://dnb.d-nb.de abrufbar.

ISBN: 9783346386465
Dieses Buch ist auch als E-Book erhältlich.

Druck und Bindung: Books on Demand GmbH, Norderstedt Germany
Gedruckt auf säurefreiem Papier aus verantwortungsvollen Quellen

Das vorliegende Werk wurde sorgfältig erarbeitet. Dennoch übernehmen Autoren und Verlag für die Richtigkeit von Angaben, Hinweisen, Links und Ratschlägen sowie eventuelle Druckfehler keine Haftung.

Das Buch bei GRIN: https://www.grin.com/document/1005542

Sonderprüfung Leistungsmanagement

Alternative 3

Online eingereicht am 05.05.2020

SRH Fernhochschule

Modul: Leistungsmanagement

Studiengang: Sportmanagement

Von

Johannes Kölmel

Sportmanagement

Inhaltsverzeichnis

Abkürzungsverzeichnis

etc.	et cetera
bzw.	beziehungsweise
ROI	Return on Investment
TQM	Total Quality Management

Abbildungsverzeichnis

1 Bedeutung des Controllings als Management- und Führungsfunktion

Der Begriff „Controlling" stammt von dem englischen Verb „to control" und hat mehrere Bedeutungen, wie bspw. leiten, beherrschen, steuern, prüfen, regeln etc."[1] Hieraus ist abzuleiten, dass keine einheitliche Definition des Controlling-Begriffs besteht. Ein Beispiel soll dies verdeutlichen.

Preisslers Definition des Controllings lautet wie folgt: „Controlling ist ein funktionsübergreifendes Steuerungsinstrument, das den unternehmerischen Entscheidungs- und Steuerungsprozess durch zielgerichtete Informationser- und -verarbeitung unterstützt."[2] Horváth definiert Controlling als „Subsystem der Führung, das Planung und Kontrolle sowie Informationsversorgung systembildend und systemkoppelnd koordiniert und auf diese Weise die Adaption und Koordination des Gesamtsystems unterstützt."[3]

Dies sind zwei Beispiele von Definitionen des Begriffs. Dennoch enthalten die unterschiedlichen Definitionen die gleichen Kernbestandteile, nämlich die zielgerichtete Steuerung von Unternehmensprozessen. Das heißt, dass die Controller eines Unternehmens die Prozesse, welche zur Zielerreichung führen sollen, ständig überwachen, überprüfen und analysieren müssen. Falls nötig werden Maßnahmen und Instrumente zur Gegensteuerung empfohlen.[4]

Im folgenden Abschnitt wird die Bedeutung des Controllings als Management- und Führungsfunktion näher erläutert.

Jedes Unternehmen möchte seine gesteckten Ziele erreichen. Demnach müssen Ziele formuliert und ein Plan erstellt werden, wie sie erreicht werden.[5] Damit Controlling als Führungsfunktion ausgeführt wird, benötigt es einen bzw. mehrere Controller im Unternehmen. Deren Aufgabenbereiche sind: das Definieren einer Strategie, die Entwicklung einer Organisationsstruktur und die Bedienung von Steuerungssystemen, welche die einzelnen Unternehmensteile miteinander verbinden und steuern. Der Controller fungiert als Spezialist der Steuerungssysteme und ist für die Weiterentwicklung des Controllingsystems sowie die damit zusammenhängenden Prozesse verantwortlich.[6] Die

---

[1] Vgl. Preissler (1974), S.2
[2] Preissler (1974), S.19
[3] Horváth (1998), S.154
[4] Vgl. Fachverband Unternehmensführung und Controlling (2006), S.19
[5] Vgl. Schneidewind, P. (2013), S.11
[6] Vgl. Temmel, P. (2011), S.5

Controllingsysteme lassen sich in drei Kategorien aufteilen: Planungs-, Kontroll- und Informationssysteme und die Controllingprozesse in Planungs-, Kontroll- und Informationsprozesse.[7] Der Planungsprozess beinhaltet das Fixieren der Ziele, die Festlegung von Plangrößen und die Maßnahmenformulierung. Daraufhin folgt der Kontrollprozess, bei welchem überprüft wird, ob die Ziele erreicht wurden. Weichen die Ergebnisse von den Zielen ab, wird über Maßnahmen nachgedacht, welche zur Optimierung eingeleitet werden können. Der Informationsprozess bedeutet, dass die Daten verarbeitet und für die Unternehmensführung zusammengefasst werden. Ebenso ist es Teil dieses Prozesses, die Informationen so festzuhalten, dass sie ins Detail zerlegbar sind, um sie einer Analyse unterziehen zu können.[8] Innerhalb dieses Systems müssen die übrigen Führungskräfte dazu beitragen, dass eine effektive und effiziente ökonomische Steuerung möglich ist. Der Controller steht hierbei in der Funktion als „interner Unternehmensberater" zur Verfügung.[9]

In der heutigen Arbeitswelt sind diese Steuerungssysteme unerlässlich und haben eine große Bedeutung für das Funktionieren moderner Gesellschaften und Organisationen. Eine wirtschaftlich agierende Organisation entsteht, wenn Unternehmen einen Prozess zur Neuorientierung der eigenen, festgesetzten Strukturen und Werte einleiten. Solch einen Prozess unterstützt das Controlling maßgeblich. Dabei werden Funktionsweisen und Wirkungen des Unternehmens verständlich.[10]

Zusammenfassend lässt sich feststellen, dass Controlling nur funktionieren kann, wenn Controller und die übrigen Führungskräfte sowie Mitarbeiter kooperativ zusammenarbeiten. Es muss verstanden werden, dass Controlling als allgemeine Führungskonzeption anzusehen ist, wonach sich Führungskräfte und Mitarbeiter auszurichten haben. Das ist die Basis für eine Durchführung des Controllings als Management- und Führungsfunktion. Folglich entsteht daraus eine konsequente Zielausrichtung des Unternehmens[11] und Betriebsstrukturen sowie -abläufe werden optimiert.[12]

---

[7] Vgl. Ebert, G. (2000), S.
[8] Vgl. Fachverband Unternehmensführung und Controlling (2006), S.21
[9] Vgl. Steinhübel, V. (2018), S.18
[10] Vgl. Tremmel, P. (2011), S.5
[11] Vgl. Troßmann, E. (2018), S.4-5
[12] Vgl. Steinhübel, V. (2018), S.19

2 Operative Steuerungsgrößen im Controlling

Im Managementbereich besteht eine Unterscheidung zwischen strategischem und operativem Controlling. Das strategische Controlling konzentriert sich auf die dauerhafte Sicherung der Existenz eines Unternehmens. Dabei bestehen die Aufgaben in der Untersuchung von Erfolgsfaktoren sowie im Aufbau von Wettbewerbspotentialen. Das operative Controlling hingegen handelt nach dem Ziel, den kurz- und mittelfristigen Erfolg eines Unternehmens zu sichern. Üblicherweise bedeutet das, innerhalb des Zeitraums eines Geschäftsjahrs. Hierbei werden Unternehmensergebnis, Umsatz, Kosten etc. durchgerechnet und aufeinander abgestimmt.[13] Im folgenden Aufgabenteil werden die operativen Steuerungsgrößen näher erläutert und mit Hilfe einer Abbildung veranschaulicht.

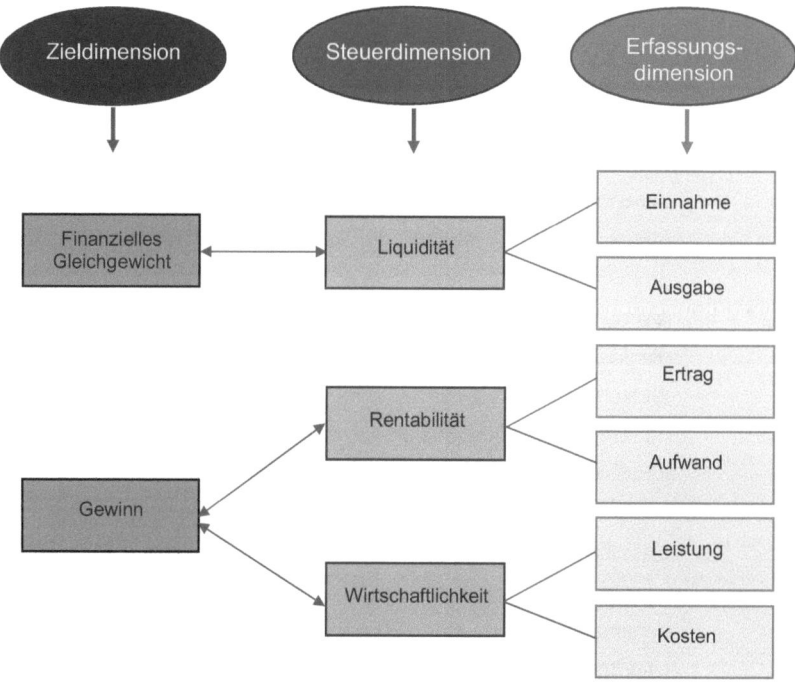

Abbildung 1: Operative Controllinggrößen

Quelle: Eigene Darstellung in Anlehnung an *Steinhübel, V.* (2018), S.50)

[13] Vgl. Fachverband Unternehmensführung und Controlling (2006), S.22

Die obige Abbildung zeigt die operativen Controllinggrößen. Diese werden unterteilt in Ziel-, Steuer- und Erfassungsdimension. Aus der Zieldimension ergeben sich die übergeordneten Ziele eines Unternehmens, nämlich finanzielles Gleichgewicht herzustellen und Gewinn zu erzielen.

Innerhalb der Komponente „Steuerungsdimension" werden die drei Elemente Liquidität, Rentabilität und Wirtschaftlichkeit aufgegriffen, welche zur effizienten Steigerung des Leistungserstellungs- und -verwertungsprozesses dienen. Ein finanzielles Gleichgewicht herrscht, wenn das Unternehmen liquide ist. Somit ist es die Aufgabe der Steuerungsgröße „Liquidität", die Außenbeziehungen eines Unternehmens mit Hilfe von Einnahmen und Ausgaben festzustellen. Um die Liquidität eines Unternehmens sicherzustellen, wird sie ständig, mittels Finanzplänen, überprüft.[14]

Das zweite Oberziel jedes Unternehmens ist es, Gewinn zu erzielen. Hierbei stehen die Steuerungsgrößen „Rentabilität" sowie „Wirtschaftlichkeit" im Zusammenhang. Die Rentabilität beschreibt das Verhältnis zwischen Gewinn oder Verlust in Relation zum eingesetzten Kapital. Das bedeutet, damit ein Unternehmen rentabel handelt, müssen die Erträge höher als der Aufwand sein.[15] Ermittelt wird sie mit Hilfe der Bilanz sowie der Gewinn- und Verlustrechnung und ist sowohl intern als auch extern beeinflusst. Die zweite Steuerungsgröße, welche den Gewinn entscheidend beeinflusst, ist die „Wirtschaftlichkeit". Diese Größe vergleicht Kosten und Leistungen, um die interne Effizienz eines Unternehmens festzustellen. Daraus ergibt sich, dass sie dominant intern beeinflusst wird. Veranschaulicht dargestellt wird die Wirtschaftlichkeit mit dem Instrument der Kosten- und Leistungsrechnung.

Außerdem beeinflussen sich alle drei Größen gegenseitig. Das bedeutet, dass das Streben nach Wirtschaftlichkeit gleichzeitig das Streben nach Rentabilität zur Folge hat. Genauso zieht das Streben nach Rentabilität eine Sicherung der Liquidität nach sich.

Demnach ist es von immenser Wichtigkeit, die Steuerungsgrößen individuell zu behandeln, damit auf effizientestem Weg der kurz- und mittelfristige Unternehmenserfolg gesichert wird.[16]

---

[14] Vgl. Steinhübel, V. (2018), S. 50
[15] Vgl. Weber, H. (1998), S.19
[16] Vgl. Steinhübel, V. (2018), S.50

3 „DuPont"-Schema

Das „DuPont"-Schema ist ein sehr bekanntes Kennzahlensystem, welches vom amerikanischen Chemie-Konzern „DuPont" im Jahr 1919 entwickelt wurde. Mittlerweile wurde es ständig überarbeitet, verbessert und dient den Unternehmen als wichtige Ergänzung von Prognosen und Berichtswesen. Es ähnelt einem Baumdiagramm, da es über mehrere Stufen verzweigt ist. Diese Zweige zeigen Punkte zur Rentabilitätsverbesserung auf.[17]

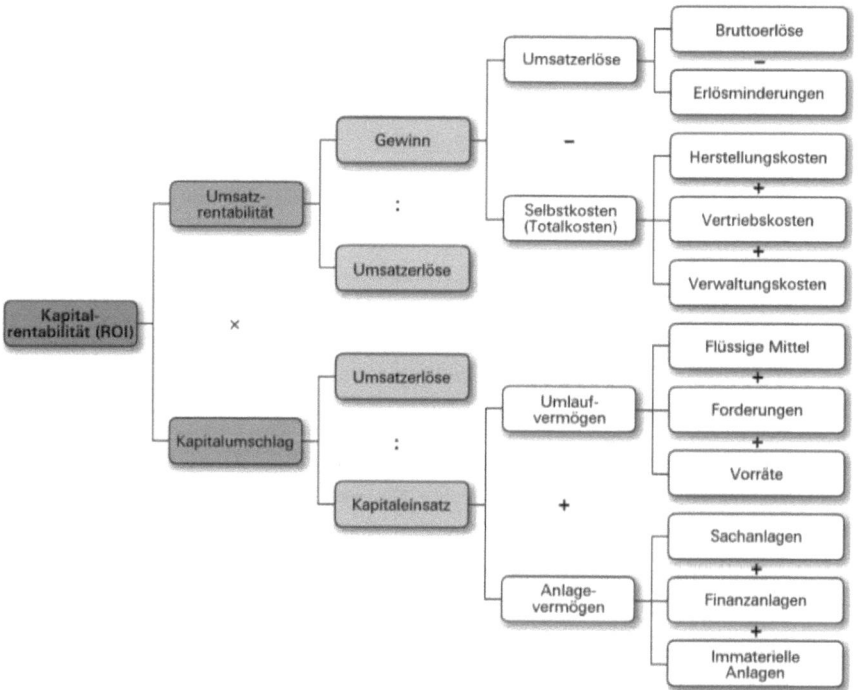

Abbildung 2: „DuPont"-Schema.

(Quelle: *Baumann* (2009), S.194)

Die Abbildung zeigt das „DuPont"-Schema. Das Schema geht von der Rentabilitätskennzahl Return on Investment aus. Der ROI ist eine Kennzahl, welche den Gewinn am eingesetzten Kapital aufzeigt. Diese wird aufgeteilt in zwei Kategorien: Umsatzrentabilität und Kapitalumschlag. Die Umsatzrentabilität beschreibt das Verhältnis des Gewinns zum Umsatz und zeigt die Kosteneinflussfaktoren auf. Der Kapitalumschlag drückt das Verhältnis des

17 Baumann, R. (2009), S.194

Umsatzes zum eingesetzten Kapital aus. Er informiert über das Anlage- und Umlaufvermögen. Die weiteren Bausteine der Abbildung zeigen Maßnahmen auf, wie ein Unternehmen eine Rentabilitätsverbesserung einleiten und umsetzen kann.[18] Die Hauptaufgabe des Kennzahlensystems besteht darin, dass es als Steuerungsinstrument dienen soll. Das Unternehmensergebnis soll auf Einflussfaktoren und Schwachstellen geprüft werden, um Maßnahmen zur Rentabilitätsverbesserung ergreifen zu können. Ebenso wirkt es unterstützend als Planungs- und Kontrollinstrument. Dabei werden drei Typen von Kennzahlen ermittelt: Ist-Kennzahlen der Gegenwart, Ist-Kennzahlen der letzten fünf Jahre und Soll-Kennzahlen aus dem Budget.[19]

3.1 Vor- und Nachteile

Im nachfolgenden Abschnitt wird auf die Vor- und Nachteile des „DuPont"-Schemas näher eingegangen.

Ein Vorteil des Kennzahlensystems ist die Validität für die verschiedenen Unternehmensbereiche, aufgrund der Steuerungs- und Kontrollfunktion.[20] Ein weiterer positiver Aspekt ist die Möglichkeit der Anwendung in zentralen und dezentralen Unternehmen. Damit kann das System von beiden Unternehmensformen genutzt werden. Ebenso ist ein langfristiger Vergleich der Teilbereichsleistungen möglich, und es können einzelne Ergebnisse errechnet werden. Dies ist möglich durch den Aufbau des Schemas mit den vielen Verzweigungen.[21]

Dennoch bringt die Kennzahlenpyramide auch Nachteile mit sich. Diese Nachteile ergeben sich aus der starken Konzentration auf den ROI. Dadurch liegt der Fokus ausschließlich auf der Rentabilität, und Bereiche, wie die Liquidität, werden nicht berücksichtigt. Des Weiteren ist die kurzfristige Ausrichtung der Kennzahlen von Nachteil, da somit langfristige Chancen ignoriert werden.[22] Ebenfalls zu nennen ist die Tendenz zu kurzfristiger Gewinnmaximierung. Diese Tendenz entsteht, da das Schema lediglich monetäre Ziele betrachtet und somit

[18] Vgl. Baumann, R. (2007), S.72
[19] Vgl. Horváth, P. (2012), S.502
[20] Vgl. Commercemanager (2019), (28.04.20, 11:15)
[21] Vgl. weka (2018), (28.04.20, 11:33)
[22] Vgl. Commercemanager (2019), (28.04.20, 11:45)

die Gefahr besteht, dass eine langfristige Wertsteigerung des Unternehmens nicht berücksichtigt wird.

Resümierend lässt sich sagen, dass das „DuPont"-Schema auf Basis einer rechnerischen Logik ausgelegt ist, wobei die verknüpften Kennzahlen eine einfache Analyse und Interpretation ermöglichen. Auf finanzieller Ebene eignet sich das Schema als sinnvolles Instrument zur Unternehmenssteuerung. Allerdings verleitet es zu kurzfristigem Handeln, das heißt langfristige Investitionen werden außer Acht gelassen. Hierbei bedarf es großer Aufmerksamkeit der Controller, damit Investitionsmöglichkeiten, wie Innovationen, Human Capital etc. ebenso Berücksichtigung finden. Insgesamt steht die Gesamtkapitalrendite als Spitzenkennzahl im Vordergrund aller Steuerungsmaßnahmen. Diese Konzentration auf eine Zahl ist sehr konsequent, ist letztlich aber auch mit einem Risiko zur Fehlsteuerung verbunden.[23]

4 Kano-Modell

Das „Kano-Modell" wurde Ende der 1970er Jahren von Professor Noriaki Kano aus Tokio entwickelt und beschäftigt sich mit dem Thema Kundenzufriedenheit. Es beschreibt den Zusammenhang zwischen der Erwartungserfüllung von Kundenanforderungen und der Kundenzufriedenheit. Dabei werden Faktoren in mehrere Kategorien eingeteilt. Diese lauten: Basisfaktoren, Leistungsfaktoren, Begeisterungsfaktoren und haben mit der Erfüllung bzw. Nichterfüllung einen unterschiedlichen Einfluss auf die Zufriedenheit der Kunden.[24] Nachfolgend wird das „Kano-Modell" anhand einer Abbildung aufgezeigt und die wesentlichen Inhalte und Einflüsse erläutert.

[23] Vgl. weka (2018), (28.04.20, 12:25)
[24] Marx, D. (2014), S.12

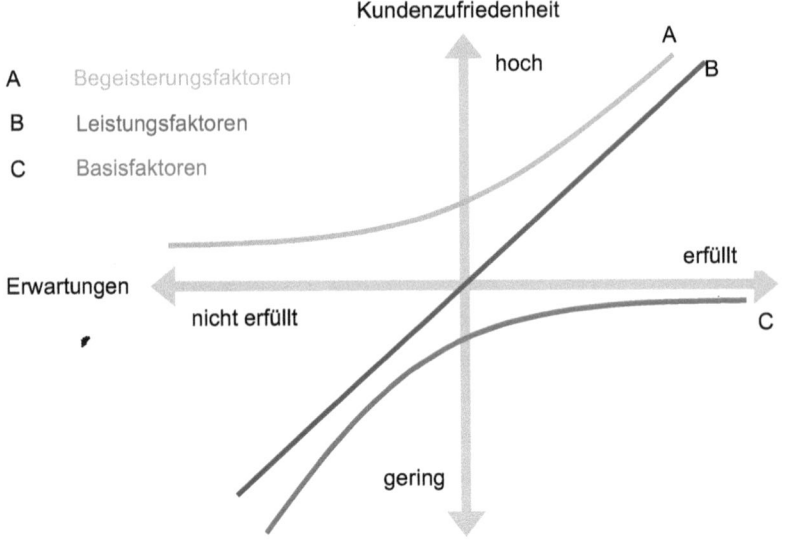

Abbildung 3: „Kano-Modell".
(Quelle: Eigene Darstellung in Anlehnung an *digitaleneuordnung* (2019), (28.04.20, 17:03))

Die Abbildung zeigt eine graphische Darstellung des „Kano-Modells". Die y-Achse zeigt die Zufriedenheit der Kunden, und die x-Achse stellt die Erwartungen der Kunden gegenüber. Die drei zu unterscheidenden Produktfaktoren werden mit Hilfe von Kurven und einer Diagonale abgebildet. Diese Faktoren werden im weiteren Verlauf des Textes näher erläutert.

Zunächst wird auf den Basisfaktor eingegangen. Dieser muss bei einem Produkt gegeben sein, ansonsten kann es zu Wettbewerbsnachteilen führen. Was bedeutet das? Ein Basisfaktor ist eine Eigenschaft eines Produkts, welche vom Kunden als selbstverständlich angenommen wird. Somit kann ein „Nicht-Erfüllen" Unzufriedenheit beim Kunden auslösen und einen Anbieterwechsel verursachen. Ein Beispiel hierfür wäre, dass ein Mobiltelefon-Anbieter eine Basisanforderung der Kunden technologisch besser löst als die Konkurrenz. Daraus entwickelt sich die „bessere" technologische Lösung schnell zum Standard der Branche, da sie eine Basisanforderung ist, und die Anbieter, welche immer noch die „alte" Technologie anbieten, nicht mehr als relevant eingestuft werden.

Als nächstes wird der Leistungsfaktor näher beleuchtet. Dieser Faktor wird vom Kunden erwartet, es wird lediglich danach verlangt. Die Leistungsfaktoren sind die Funktionen eines Produkts, welche für den Kunden leicht messbar sind und somit als Benchmarks zur Wettbewerbsanalyse dienen. Das heißt, es wird vorausgesetzt, dass diese Eigenschaften bei wettbewerbsfähigen Produkten erfüllt sind, denn je höher der Erfüllungsgrad, desto höher die Kundenzufriedenheit.

Abschließend wird der Begeisterungsfaktor untersucht. Ein Begeisterungsfaktor kann zu überproportionaler Kundenzufriedenheit führen, da er nicht explizit erwartet wird, was ebenfalls bedeutet, dass bei „Nicht-Erfüllung" keine Unzufriedenheit der Kunden entsteht, da solche Kriterien nicht ausdrücklich formuliert werden. Ein solcher Faktor ist in den meisten Fällen nicht erkennbar für den Kunden, da er latente sowie versteckte Probleme löst, wie bspw. eine neue Softwareaktualisierung, welche die Akkulaufzeit erhöht. Ebenso kann ein Begeisterungsfaktor auch ein komplett neues Produkt auf dem Markt sein oder ein subtiles Produkt, wie bspw. ein Getränkehalter im Auto.[25]

In Summe bietet das „Kano-Modell" einem Unternehmen Aufklärung über Fragen, was die Kunden erwarten, was zur Verbesserung der Kundenzufriedenheit beiträgt, wie sich von anderen Wettbewerbern am Markt abgehoben werden kann, wie man Kunden begeistert und worauf verzichtet werden sollte. Im übertragenen Sinne heißt das, dass Kunden Anforderungen an Produkte stellen und dabei jede Anforderung Einfluss auf die Kundenzufriedenheit hat. Diese Erwartungen muss ein Unternehmen feststellen und in ihren Produkten und Leistungen adaptieren, um eine hohe Kundenzufriedenheit auszulösen. Ebenfalls wird deutlich, dass sich Anforderungen an ein Produkt ständig verändern. Ein Begeisterungsmerkmal entwickelt sich zu einem Leistungsmerkmal und irgendwann zu einem Basismerkmal. Beispielhaft hierfür ist die Wischtechnologie auf dem Mobiltelefon, welche bei Einführung ein Begeisterungsfaktor war, jedoch mittlerweile als Basismerkmal von den Kunden als selbstverständlich verstanden wird.[26]

Daraus abgeleitet ist das „Kano-Modell" ein wirksames Instrument für Unternehmen, um die eigenen Leistungen und Produkte mit den Erwartungen und Anforderungen der Kunden in ein funktionierendes Verhältnis zu bringen.[27]

[25] Vgl. Sauerwein, E. (2018), S.27-29
[26] Vgl. microtool (2018), (01.05.20, 11:09)
[27] Vgl. digitaleneuordnung (2019), (01.05.20, 11:21)

5 Total Quality Management

Viele Unternehmen gelangten zur Erkenntnis, dass herkömmliche Führungskonzepte aufgrund des immer stärker werdenden Wettbewerbs und der geschäftlichen Unsicherheiten nicht mehr ausreichen, um am Markt erfolgreich zu agieren. Daraus ergab sich die Suche nach neuen Konzepten, welche die Produktivität verbessern, eine Strategie für Ertragssteigerung entwickeln können und einen hohen Markterfolg garantieren. Hierfür wurde das Total Quality Management (TQM) entwickelt. Übersetzt in die deutsche Sprache bedeutet es: „Umfassendes Qualitätsmanagement".[28] Definiert wird es wie folgt: Es ist eine „… auf der Mitwirkung aller ihrer Mitglieder gestützte Managementmethode einer Organisation, die Qualität in den Mittelpunkt stellt und durch Zufriedenstellen der Kunden auf langfristigen Geschäftserfolg sowie auf Nutzen für die Mitglieder der Organisation und für die Gesellschaft zielt."[29] Das heißt, das Unternehmen wird im Gesamten betrachtet und nicht nur einzelne Phänomene einer Analyse unterzogen. Demnach ist Voraussetzung für das Funktionieren des TQM, dass alle Mitarbeiter an einem Strang ziehen, unabhängig von Funktion und Betriebsebene.[30] Jeder einzelne Buchstabe des TQM-Konzepts enthält eine Bedeutung.

Das „T" steht für Total. Damit ist gemeint, wie oben bereits erwähnt, dass alle Mitarbeiter miteinbezogen werden sollen bzw. müssen, genauso wie Kunden und Lieferanten. Das „T" vermittelt das ganzheitliche Denken des Konzepts.

Der Buchstabe „Q" steht für Qualität, was bedeutet, dass eine hohe Qualität der Arbeit sowie der Prozessbehandlung und allgemein des Unternehmens Voraussetzung sind, um eine hohe Produktqualität zu garantieren.

Das „M" steht für Management und unterstreicht die Führungsaufgabe und die Führungsqualität. Aus Unternehmenssicht ist das TQM somit als Führungsmodell anzusehen.

Das TQM bietet ein umfassendes Konzept für Unternehmen, welches die Prozess-, Mitarbeiter- und Kundenüberlegungen miteinschließt, um jegliche Herausforderungen moderner Unternehmensführung festzustellen und lösen zu können.[31] Es bietet große Chancen und Erfolgsaussichten, denn die Qualität der

28 Vgl. Hummel, T., Malorny, C. (2011), S.5
29 Hummel, T. et al. (2011), S.5
30 Vgl. Feigenbaum (1961), S.60-69
31 Vgl. Rothlauf, J (2014), S.67

14

Unternehmensprozesse hat großen Einfluss auf die gesamte Kosten- und Wertschöpfungsstruktur. Sobald die Prozessqualität optimiert wird und Verschwendungen konsequent vermieden werden, steigt die Rendite. Ebenfalls steigert eine hohe, auf die Kundenwünsche ausgerichtete Produktqualität, den Umsatz und die Marktanteile.32 Der geschäftliche Erfolg wird also von den Kunden bestimmt. Damit ein Unternehmen langfristig am Markt bestehen kann, muss auf Kundenwünsche eingegangen, diese umgesetzt und gelegentlich übertroffen werden. Die Fähigkeit „Zuzuhören" ist hier von immenser Wichtigkeit. Alle Mitarbeiter müssen diesen Prozess verstehen und danach handeln. Damit wird die Kundenzufriedenheit erhöht und die Wettbewerbsfähigkeit gesteigert.33 Der TQM-Ansatz lässt sich in drei Prinzipien unterteilen:

1. „Qualität orientiert sich an Kundenbedürfnissen
2. Prozesse werden ständig analysiert, um Qualitätsschwachstellen aufzudecken.
3. Alle Mitarbeiter sind in diesen ständigen Qualitätsprozess zu integrieren."34

Der Ansatz handelt danach, dass sich nach Erreichung eines gesteckten Ziels nicht ausgeruht wird, sondern im Anschluss neue, größere Ziele gesteckt und verfolgt werden. Hierzu überleitend werden nachfolgend die Ziele des TQM aufgezeigt. Diese sind: Kunden- und Mitarbeiterzufriedenheit zu steigern und die Aspekte Qualität, Zeit sowie Kosten, zu optimieren. Hierbei ist zu sehen, dass die Ziele die Zufriedenheit aller Anspruchsgruppen beachten.35

Das wichtigste Ziel ist die Kundenzufriedenheit, da sie den Unternehmenserfolg entscheidend beeinflusst. Damit eine hohe Zufriedenheit herrscht, muss ein Vertrauensverhältnis aufgebaut und alle Maßnahmen zur Zufriedenstellung der Kunden ausgeführt werden. Der Kunde erlebt das Produkt und somit kann sich nicht ausschließlich auf die Optimierung der Prozesse oder Verbesserung der Produktqualität konzentriert werden, sondern es muss mit Angeboten, Telefongesprächen, Servicebesuchen, besonderen Verpackungen, Produktpräsentationen etc. gepunktet werden.

32 Vgl. Hummel, T. et al. (2011), S.9
33 Vgl. Binner, H. (2002), S.102-108
34 Bareiß, A., Knuppertz, T., Merk, J., Rahmel, A., Schnägelberger, S., Wassmann, H., Wild, D. (2016), S.60
35 Vgl. Brüggemann, H., Bremer, P. (2012), S.78-79

Eine hohe Mitarbeiterzufriedenheit wird gewährleistet, wenn diese in den Prozess einbezogen werden. Ein Unternehmen fördert die Zufriedenheit, indem gemeinsam qualitätsorientierte Visionen entwickelt und Ziele definiert werden. Genauso können das Angebot von Schulungen zur Weiterbildung der Mitarbeiter sowie ein Anreizsystem weitere Kriterien für eine positive Stimmung sein.[36]

Die Ziele Zeit einzusparen, Kosten zu minimieren und trotzdem eine hohe Qualität vorzuweisen, sind zusammenhängend. Um diese Ziele umzusetzen, setzt das TQM eine langfristige Denkweise voraus. Eine hohe Qualität kostet langfristig betrachtet deutlich weniger, da sie durch eine hervorragende Prozessqualität entsteht. Somit müssen vorrangig die Prozesse optimiert werden. Hierbei bedarf es keiner Zeit- und Kosteneinsparung, denn sobald die Prozesse optimiert sind, bewirkt es bessere Auslastungen der Maschinen, kürzere Materialdurchlaufzeiten, geringere Materialvorräte, bessere Produktqualität etc. Die Erhöhung der Produktqualität hat dadurch weitere positive Konsequenzen, wie eine verbesserte Zuverlässigkeit, verringerte Fehlerkosten aus Gewährleistung und Kulanz, steigende Zufriedenheit der Kunden.

Zusammenfassend lässt sich daraus schließen, dass das TQM ein Konzept ist, welches bei erfolgreicher Anwendung als Grundstein erfolgreicher Unternehmensführung dient.[37]

[36] Vgl. controlling-wiki (2019), (02.05.20, 13:06)
[37] Vgl. Hummel, T. et al. (2011), S.12-13

Literaturverzeichnis

Baumann, R. (2007), Finanzielle Führung -Management -Basiskompetenz: theoretische Grundlagen und Methoden mit Beispielen, Repetitionsfragen und Antworten, 1. Auflage, Zürich: Compendio Bildungsmedien AG

Baumann, R. (2009), Rechnungswesen für Marketing- und Verkaufsfachleute, 1. Auflage, Zürich: Compendio Bildungsmedien AG

Bareiß, A., Knuppertz, T., Merk, J., Rahmel, A., Schnägelberger, S., Wassmann, H., Wild, D. (2016), Qualitätsmanagement – Titel-Nr.0845-04, Riedlingen: SRH Fernhochschule

Binner, H. (2002), Prozessorientierte TQM-Umsetzung, 2. Auflage, München: Carl Hanser Verlag

Brüggemann, H., Bremer, P. (2012), Grundlagen Qualitätsmanagement: Von den Werkzeugen über Methoden zum TQM, 1. Auflage, Wiesbaden: Springer Verlag

Ebert, G. (2000), Controlling. Managementfunktion und Führungskonzeption, Landsberg/Lech: Verlag Moderne Industrie

Fachverband Unternehmensführung und Controlling (2006), Controlling: Ein Instrument zur ergebnisorientierten Unternehmenssteuerung und langfristigen Existenzsicherung. Leitfaden für Controllingpraxis und Unternehmensberatung, 5. Auflage, Berlin: Erich Schmidt Verlag

Feigenbaum, A., V. (1961), Total Quality Control, 2. Auflage, New York: McGraw-Hill-Verlag

Horváth, P. (1998), Controlling, 6.Auflage, München: Vahlen Verlag

Horváth, P. (2012), Controlling, 12.Auflage, München: Vahlen Verlag

Hummel, T., Malorny, C. (2011), Total Quality Management. Tipps für die Einführung, 4. Auflage, München: Carl Hanser Verlag

Marx, D. (2014), Das Kano-Modell der Kundenzufriedenheit: Ein Modell zur Analyse von Kundenwünschen in der Praxis, 1. Auflage, Hamburg: Imprint der Diplomica Verlag GmbH

Preissler, P. (1974), Ziele und Funktionen des Controllers, München: Handbuch Revision, Controlling, Consulting

Rothlauf, J. (2014), Total Quality Management in Theorie und Praxis: Zum ganzheitlichen Unternehmensverständnis, 4. Auflage, Berlin: Walter de Gruyter GmbH & Co KG

Sauerwein, E. (2018), Das Kano-Modell der Kundenzufriedenheit: Reliabilität und Validität einer Methode zur Klassifizierung von Produkteigenschaften, 1. Auflage, Wiesbaden: Springer Verlag

Schneidewind, P. (2013), Controlling im Kulturmanagement, 1. Auflage, Wiesbaden: VS Verlag für Sozialwissenschaften

Steinhübel, V. (2018), Controlling – Titel-Nr. 0223-04, Riedlingen: SRH Fernhochschule

Temmel, P. (2011), Organisation des Controllings als Managementfunktion: Gestaltungsfaktoren, Erfolgsdeterminanten und Nutzungsimplikationen, 1. Auflage, Wiesbaden: Gabler Verlag

Troßmann, E. (2018), Controlling als Führungsfunktion: Eine Einführung in die Mechanismen betrieblicher Koordination, 2. Auflage, München: Vahlen Verlag

Weber, H. (1998), Rentabilität, Produktivität und Liquidität: Größen zur Beurteilung von Steuerung von Unternehmen, 2. Auflage, Wiesbaden: Gabler Verlag

Internetquellen

Commercemanager.de (2019), Du-Pont Kennzahlensystem – Das bekannteste Finanzkontrollsystem, Zugriff am 28.04.2020, Verfügbar unter https://www.commercemanager.de/du-pont-kennzahlensystem-das-bekannteste-finanzkontrollsystem/

controlling-wiki.com (2018), Total-Quality-Management, Zugriff am 02.05.2020, Verfügbar unter https://www.controlling-wiki.com/de/index.php/Total-Quality-Management

digitaleneuordnung.org (2019), Das Kano-Modell – Die "Wow" Faktoren deines Produktes identifizieren, Zugriff am 28.04.2020, Verfügbar unter https://digitaleneuordnung.de/blog/kano-modell/

microtool.de (2018), Das Kano-Modell. Ein Modell zur Analyse von Kundenwünschen, Zugriff am 01.05.2020, Verfügbar unter https://www.microtool.de/wissen-online/was-ist-das-kano-modell/

Weka.ch (2018), Finanzielle Unternehmenssteuerung: Mit dem DuPont-Kennzahlensystem, Zugriff am 28.04.2020, Verfügbar unter https://www.weka.ch/themen/finanzen-controlling/controlling/kennzahlen-und-kennzahlensysteme/article/finanzielle-unternehmenssteuerung-mit-dem-dupont-kennzahlensystem/

BEI GRIN MACHT SICH IHR
WISSEN BEZAHLT

- Wir veröffentlichen Ihre Hausarbeit,
  Bachelor- und Masterarbeit

- Ihr eigenes eBook und Buch -
  weltweit in allen wichtigen Shops

- Verdienen Sie an jedem Verkauf

Jetzt bei www.GRIN.com hochladen
und kostenlos publizieren